論理的
思考力を
身につける

はじめての アルゴリズム

著 **島袋 舞子** 大阪電気通信大学 特任講師

監修 **兼宗 進** 大阪電気通信大学 教授・副学長

くもん出版

はじめに

「アルゴリズムって何？」

　この本のタイトルを見て、もしかしたらこのように感じたかもしれません。

　でも、ちょっと待ってください。みなさんのまわりには、スマートフォンやタブレット、エアコンや冷蔵庫など、コンピュータで動くものがたくさんあります。そして、自動運転車にドローン、人工知能（AI）などコンピュータを活用したものがたくさん登場してきています。

　アルゴリズムとは、そんなコンピュータに上手く動いてもらうためのプログラムをつくるうえで、とても大切な考え方です。コンピュータにやってもらいたいことは同じでも、どのアルゴリズムでプログラムをつくるかによってコンピュータの動く手間が変わってきます。

　この本は、アルゴリズムのことを少しでも知ってもらい、みなさんの力になるよう、2つの工夫がなされています。

❶ 解いて楽しむ

　アルゴリズムのことを初めて学ぶ人でも読み進められるよう、**アルゴ
リズムのむずかしい話はできるだけ省きました。**解説で知らない内容が
出てくるかもしれませんが、「ふ〜ん、そうなんだ」と思ってくれれば
だいじょうぶです。まずは楽しみながら問題を解いてみましょう。

❷ 将来に役立つ力をつける

　いろいろなアルゴリズムを知っていることは、コンピュータに上手く
動いてもらうためのプログラムをつくるときに役立ちます。アルゴリズ
ムの中から適したものを選んでプログラムをつくれるようになるために
は、アルゴリズムの手順をしっかり考えて分かるようになることが大切
です。この本でも、問題文をよく読んで、しっかりと考えないといけな
い問題をたくさん載せました。

　この本はきっと、みなさんの将来に役立つはずです。それでは、一緒
にアルゴリズムを楽しみましょう！

大阪電気通信大学特任講師
島袋 舞子

もくじ

おことわり

・本書は2024年2月までの情報をもとに制作しています。最新の技術や社会情勢とは異なる場合があります。
・本文については、教育的な配慮から厳密さよりわかりやすさを重視している場合があります。
・本書の内容を超える技術的なお問い合わせにはお答えできません。

7

この本の使い方

❶アルゴリズムの名前

問題に使われているアルゴリズムの種類と名前を覚えよう。

❷問題

問題文とルールをよく読んでから問題を解こう。

❸答え

答え合わせだけでなく、解き方も確認しよう。

❹アルゴリズムのことをさらに理解しよう

各章の終わりにはアルゴリズムについての基礎知識と、その章で習ったアルゴリズムがどんなところで使用されているかを紹介しているよ。

第 1 章

順序立てて考えよう

アルゴリズムを学ぶうえで大切なのは、
頭の中で物事の流れを整理すること。
異星人たちと一緒にUFOを修理しながら、
アルゴリズムの基本
「順次」、「反復」、「分岐」の仕組みを学ぼう。

重いものを動かそう❶
【順次】

異星人
うわあ〜！UFO が大きい岩の間に挟まっちゃってる！
これじゃ UFO が動かせないよ！岩をどかさなくちゃ。

サキ
ずいぶん派手に着地したのね。

博士
こんなに大きい岩は自分たちじゃ動かせんだろう。パパットに
手伝ってもらって、くずれないように岩をどかそう。

問題 1

パパットにメモ通りに動くように指示を出しました。パパットが指示通りに動くと、UFOと岩は (1)〜(4) のうち、どのような形になるでしょう。

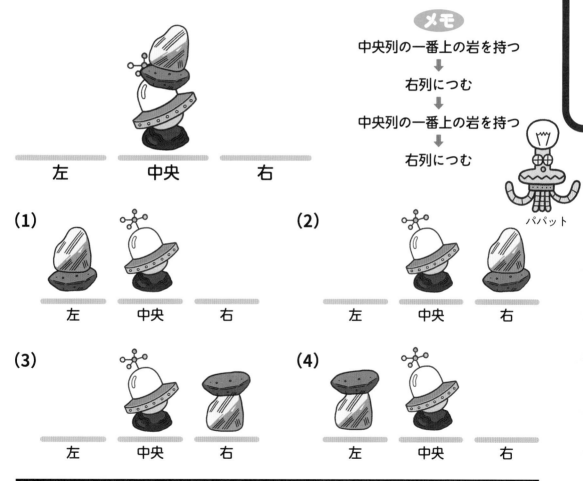

メモ

中央列の一番上の岩を持つ
↓
右列につむ
↓
中央列の一番上の岩を持つ
↓
右列につむ

パパット

左　　中央　　右

(1)

左　　中央　　右

(2)

左　　中央　　右

(3)

左　　中央　　右

(4)

左　　中央　　右

左　　　中央　　　右

メモの順番通りに、岩を1つずつ動かしていくんだね！
それにしてもロボットって力持ちだなあ。

感心している場合じゃないわよ！

解説（かいせつ）

メモ

① **中央列の一番上の岩を持つ**

　　　↓

② 右列につむ

　　　↓

③ **中央列の一番上の岩を持つ**

　　　↓

④ 右列につむ

ボクガ
ウゴカスヨ

左　　　中央　　　右

メモの内容（ないよう）通りにパパットを動かしましょう。①の指示（しじ）通り、パパット
は中央列にある一番上の岩を持ちます。

① 中央列の一番上の岩を持つ
　　　↓
② **右列につむ**
　　　↓
③ 中央列の一番上の岩を持つ
　　　↓
④ 右列につむ

左　　　中央　　　右

②の指示通り、パパットは持ち上げた岩を右列につみます。

・・

① 中央列の一番上の岩を持つ
　　　↓
② 右列につむ
　　　↓
③ **中央列の一番上の岩を持つ**
　　　↓
④ 右列につむ

左　　　中央　　　右

③の指示通り、パパットは中央列にある一番上の岩を持ちます。

・・

① 中央列の一番上の岩を持つ
　　　↓
② 右列につむ
　　　↓
③ 中央列の一番上の岩を持つ
　　　↓
④ **右列につむ**

左　　　中央　　　右

④の指示通り、パパットは持ち上げた岩を右列につんで終了です。

重いものを動かそう❷
【順次】

 UFO の上にある岩は動かせたけど、下にも岩があるからすごく
グラグラして不安定だね。

 この辺は岩ばかりね……。
岩がくずれない安全なところに UFO を置けるといいんだけど。

 よし！もう1回パパットに動かしてもらおう。

 **問題2** パパットにメモ通りに動くように指示を出しました。パパットが指示通りに動くと、UFO と岩は (1)〜(4) のうち、どのような形になるでしょう。

左　　　中央　　　右

メモ

右列の一番上のものを持つ
↓
左列につむ
↓
中央列の一番上のものを持つ
↓
右列につむ
↓
中央列の一番上のものを持つ
↓
左列につむ
↓
右列の一番上のものを持つ
↓
中央列につむ

ヨミコミチュウ…
フムフム

(1)

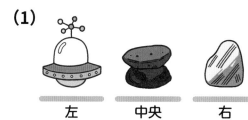

左　　　中央　　　右

(2)

左　　　中央　　　右

(3)

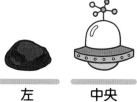

左　　　中央　　　右

(4)

左　　　中央　　　右

左　中央　右

さっきよりも手順が増えたけど、順番通りに作業していけば
むずかしくないぞ！

解説

メモ

① { 右列の一番上のものを持つ
↓
左列につむ }

② { 中央列の一番上のものを持つ
↓
右列につむ }

③ { 中央列の一番上のものを持つ
↓
左列につむ }

④ { 右列の一番上のものを持つ
↓
中央列につむ }

ものを持ち上げてから、
置くまでの動作を、
１セットとして考えると
分かりやすいね！

左　中央　右

メモの内容通りにパパットを動かしましょう。①の指示通り、パパット
は右列一番上の岩を持ち上げ、そのまま左列につみます。

② 中央列の一番上のものを持つ
→
右列につむ

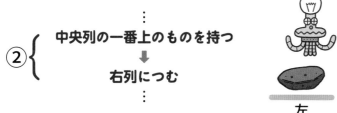

左　　中央　　右

②の指示通り、パパットは中央列一番上の UFO を持ち上げ、そのまま右列の岩の上につみます。

③ 中央列の一番上のものを持つ
→
左列につむ

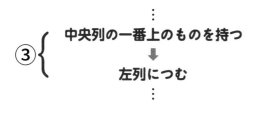

左　　中央　　右

③の指示通り、パパットは中央列一番上の岩を持ち上げ、そのまま左列の岩の上につみます。

④ 右列の一番上のものを持つ
→
中央列につむ

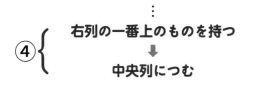

左　　中央　　右

④の指示通り、パパットは右列一番上の UFO を持ち上げ、そのまま中央列につんで作業は終了です。

UFOを修理しよう①

【反復】

 ああ〜よかった！これで UFO が動くはず！あれ……？
エンジンをつけても動かない！どうして？

 もしかして燃料が切れちゃったんじゃない？

 おや？何やら電池がなくなっている部分があるぞ。
燃料の電池を組み込んであげるのじゃ！

 UFO って電池式なの……!?

問題3

UFOに燃料となる電池を入れます。決められた順番通りに電池を組み込んであげないとこのUFOは動きません。A、Bに入る電池は(1)〜(3)のうち、どれでしょう。

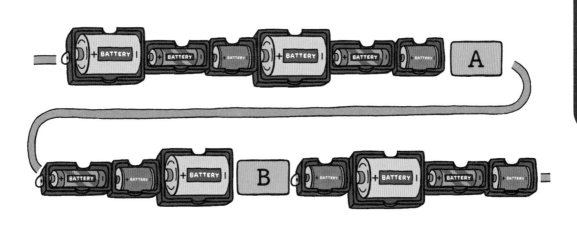

電池はどんな順番で並んでいるかな？

(1) 太い電池

(2) 小さい電池

(3) 細い電池

答え A：(1) 太い電池
B：(3) 細い電池

順番を守ることがとても大事なのね！

{ **解説** }
かいせつ

電池はどんな順番で並んでいるでしょうか？

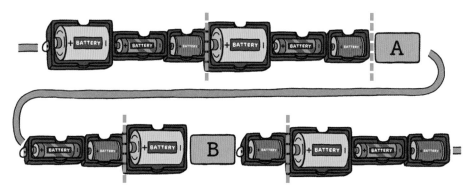

並び順をよく見ると、電池は太い電池、細い電池、小さい電池の順番が
くり返されていることが分かります。

電池の
並び順

A、Bの部分に、並び順の通りに電池を入れます。Aの前は、小さい電池で並びが終わっているので、はじめにもどり(1)太い電池が入ります。

電池の並びは太い、細い、小さい、の順だったね

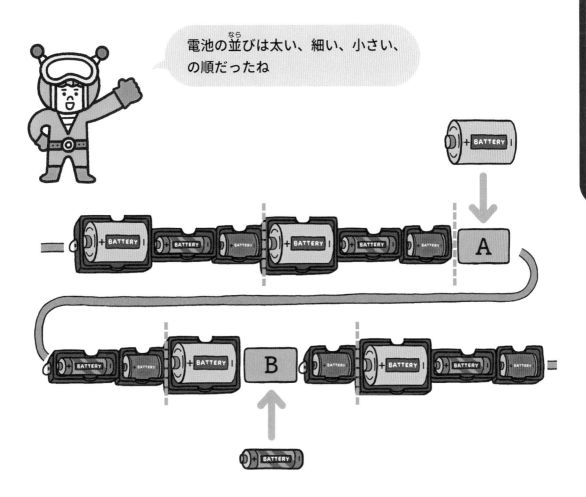

Bの前は、太い電池があるので、並び順の通り(3)細い電池が入ります。

UFOを修理しよう❷
【反復】

見て！こっちも電池がたくさん並んでいるわ！
でも電池がなくなっちゃった部分もあるみたい。

こんなにたくさんの電池で動いていたんだ！すごいなあ。

ふむ、そしたらまたUFOに燃料の電池を入れてあげなきゃ
ならんのう。

問題4

UFOに燃料となる電池を入れます。決めら
れた順番通りに電池を組み込んであげないと
このUFOは動きません。A、B、Cに入る電
池は(1)〜(3)のうち、どれでしょう。

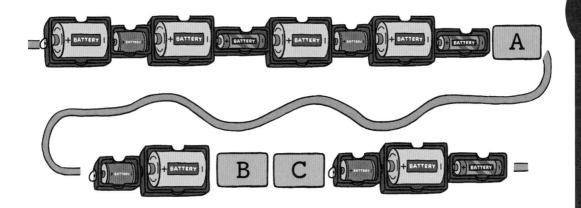

むずかしく考えず、並び順をよく見るんじゃ！

えーっと…電池の並び順は……

(1) 小さい電池

(2) 細い電池

(3) 太い電池

答え

A：(3) 太い電池
B：(2) 細い電池
C：(3) 太い電池

 電池の数が増えたから、こんがらがる〜！

{ **解説** }

電池はどんな順番で並んでいるでしょうか？

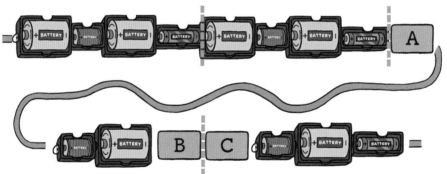

並び順をよく見ると、電池は太い電池、小さい電池、太い電池、細い電池の順番がくり返されています。

 電池の
並び順

A、B、Cの部分に、並び順の通りに電池を入れます。Aの前は、細い電池で並びが終わっているので、はじめにもどり（3）太い電池が入ります。

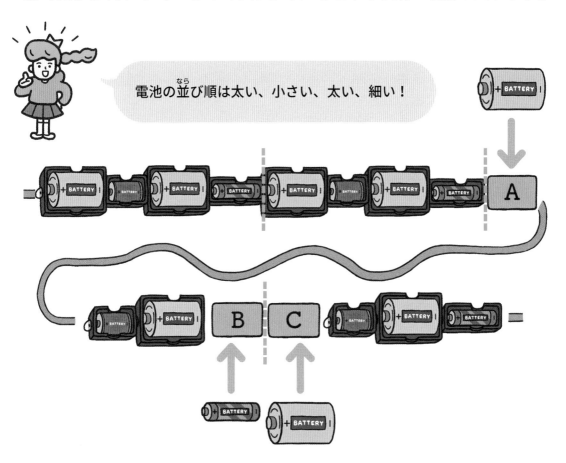

電池の並び順は太い、小さい、太い、細い！

Bの前は、小さい電池、太い電池の順で続いているので、並び順通り（2）細い電池が入ります。Cは並び順のはじめにもどるので（3）太い電池が入ります。

UFOを修理しよう❸
【分岐】

 電池を入れたのに UFO が動かないね…。

 どうしよう。UFO が壊れちゃったんだ！

 おや、UFO に説明書がついているぞ！
この条件通りに部品を使って修理してあげればいいんじゃな！

ふむ
ふむ

問題 5

壊れたUFOを修理するのに必要な部品を選びます。説明書に書かれた条件通りに部品を選ぶと、次の (1)〜(3) のうち、どの組み合わせになるでしょう。

UFO

パパットナオスヨ！

説明書

- UFOを上から見た形が円形なら先が四角形のネジを使う
- UFOを上から見た形が四角形なら先が丸いネジを使う
- UFOを上から見た形が星形なら先が星形のネジを使う

説明書

- アンテナの電球が1個なら丸い棒を使う
- アンテナの電球が3個なら三角形の棒を使う
- アンテナの電球が5個なら星形の棒を使う

ネジの箱

棒の箱

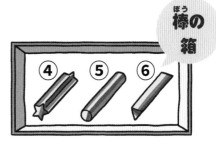

(1) ①、⑤　　(2) ③、④　　(3) ③、⑥

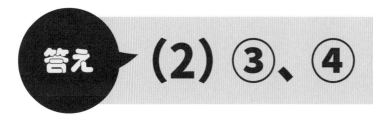

答え ► (2) ③、④

 それぞれの条件にあった部品を選べばいいんだね。
でも、本当にこれで UFO が直るの？

 だいじょうぶ、ワシにまかせるのじゃ！

{ 解説 }

説明書に書かれた条件にあわせて必要な部品を選びましょう。UFO を上から見たときの形は円形なので、ネジの箱からは「先が四角形のネジ」を選びます。

上から見た形

UFO

説明書

○ UFOを上から見た形が円形なら先が四角形の
　ネジを使う
× UFOを上から見た形が四角形なら先が丸い
　ネジを使う
× UFOを上から見た形が星形なら先が星形の
　ネジを使う

アンテナの電球は 5 個なので、棒の箱からは「星形の棒」を選びます。

> **説明書**
> × アンテナの電球が 1 個なら丸い棒を使う
> × アンテナの電球が 3 個なら三角形の棒を使う
> ○ アンテナの電球が 5 個なら星形の棒を使う

それぞれの箱から、当てはまるものを探します。「先が四角形のネジ」は③、「星形の棒」は④なので、答えは（2）です。

ネジの箱

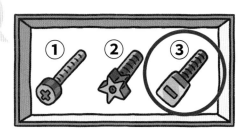

棒の箱

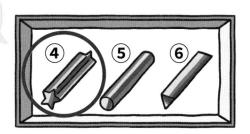

カンタン
カンタン！

UFOを修理しよう④
【分岐】

 UFOっていろんな部品からできているのね。

 ぼくのお父さんがつくってくれたんだよ！すごいでしょ？

 二人とも、口だけじゃなく手も動かしてほしいんじゃが…。追加で部品を持ってきてくれるかのう。

問題 6 壊れたUFOを修理するのに必要な部品を選びます。説明書に書かれた条件通りに部品を選ぶと、次の (1)〜(3) のうち、どれが正しい組み合わせでしょう。

ユーフォーノ トクチョウヲ オボエルノダ！

UFO

説明書

- アンテナの電球が2個ならL字型の留め具を使う
- アンテナの電球が3個ならまっすぐな留め具を使う
- アンテナの電球が5個なら十字型の留め具を使う

留め具の箱

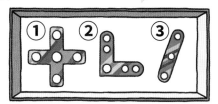

説明書

- UFOを上から見た形が星形なら太いバネを使う
- UFOを上から見た形が円形なら曲がったバネを使う
- UFOを上から見た形が四角形なら細長いバネを使う

バネの箱

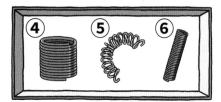

説明書

- アンテナの電球が星形なら穴のない歯車を使う
- アンテナの電球が丸い形なら細かいギザギザがついた歯車を使う
- アンテナに電球がついていないなら7つの穴があいた歯車を使う

歯車の箱

(1) ②、⑤、⑧　　(2) ①、⑥、⑧　　(3) ①、⑤、⑨

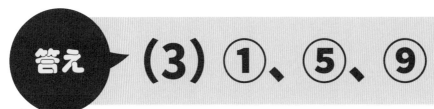

答え (3) ①、⑤、⑨

 博士！部品を持ってきたよ！

 よし、これでなんとか UFO が直りそうじゃ！

解説

説明書に書かれた条件にあわせて必要な部品を選びましょう。アンテナの電球は5個なので、箱から「十字型の留め具」を選びます。

説明書

UFO

× アンテナの電球が2個ならL字型の留め具を使う
× アンテナの電球が3個ならまっすぐな留め具を使う
○ アンテナの電球が5個なら十字型の留め具を使う

 留め具の箱

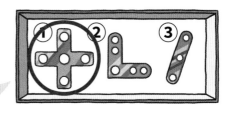

次に、バネの箱から条件にあうバネを選びます。UFO を上から見た形は円形なので、「曲がったバネ」を選びます。

条件にあわせて
選ぶものを
変えるんだね

説明書

- × UFO を上から見た形が星形なら太いバネを使う
- 〇 UFO を上から見た形が円形なら曲がったバネを使う
- × UFO を上から見た形が四角形なら細長いバネを使う

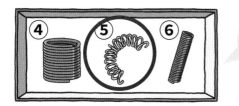

バネの
箱

最後に歯車を選びます。アンテナの電球は丸い形なので、「細かいギザギザがついた歯車」を選びます。

説明書

- × アンテナの電球が星形なら穴のない歯車を使う
- 〇 アンテナの電球が丸い形なら細かいギザギザがついた歯車を使う
- × アンテナに電球がついていないなら7つの穴があいた歯車を使う

歯車の
箱

①の留め具、⑤のバネ、⑨の歯車を選ぶことになるので、答えは(3)です。

「アルゴリズム」ってなに？

　とつぜんですが、「12＋33」の式の答えを考えてみてください。答えを求めるとき、あなたはどのように計算しましたか？最初にそれぞれの一の位の「2」と「3」を足した後に、十の位の「1」と「3」を足して、答えの「45」を導き出したと思います。

　アルゴリズムとは、このような計算や世の中の問題を解決するための「方法」や「手順」のことです。アルゴリズムはコンピュータや機械を動かすための「プログラム」をつくるうえで、とても大切な考え方になります。なんだかむずかしそう…と思うかもしれませんが、アルゴリズムはコンピュータや機械の中だけではなく、わたしたちの身近な生活の中でも使われています。

　例えば、「おなかが空いてごはんが食べたい」ときの解決法を考えてみましょう。自分でごはんをつくることもできるでしょうし、おうちの人にお願いしてつくってもらうかもしれませんね。家に料理ができる人がいるときと、いないときで、どうするかが変わってくるかもしれません。こんなふうに、日常の問題を解決するための方法や手順のことも「アルゴリズム」ということができます。

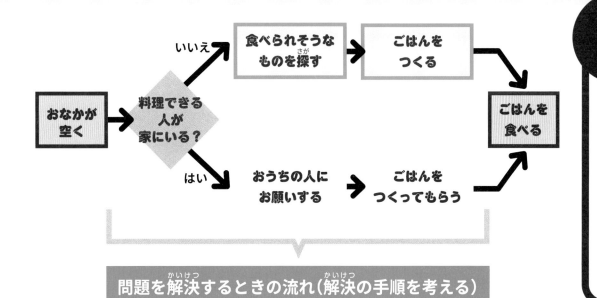

問題を解決するときの流れ（解決の手順を考える）

　実は、コンピュータも人間と同じように一つひとつの作業を行いながら問題を解決しています。コンピュータの中では、物事を順序通りに進めていく「順次」、同じ作業をくり返す「反復」、条件によって進み方を変える「分岐」という、３つの仕組みを使ってアルゴリズムがつくられています。この３つの仕組みを使って動いている機械や家電が、わたしたちの身の回りにたくさんあります。どんなものがあるのか、探してみましょう。

身の回りにあるものを
探しに行くのじゃ！

身近なアルゴリズム

わたしたちが道を渡るときになにげなく利用している信号機は、「赤色のライトを数分間つける」→「青色のライトを数分間つける」→「青色のライトを何回か点滅する」ことをくり返すようにつくられています。「順次」と「反復」を組み合わせて、一連の動きを実現しています。

信号機

エアコン

みなさんの家にあるエアコンは、設定した温度よりも部屋の温度が高くなると、冷たい風を出して温度が上がらないようにします。部屋の温度が低くなると、温かい風を出して温度が低くならないようにしています。条件によって動きを変える「分岐」の仕組みで温度を調整しているのです。

こんな仕組みだったんだね

アルゴリズムを使って人助け

アルゴリズムを学ぶのはここから！
「二分探索」、「幅優先探索」、「配置最適化」の仕組みを使った

問題を解きながら、アルゴリズムを楽しく学ぼう。

問題文とルールをよく読んでね。

数当て名人になろう❶
【二分探索】

 ユミちゃん、何をそんなに悩んでいるの？

 クラスで誕生日を当てるゲームが流行っているんだけど、運がなくていつも負けちゃうの。
どうしたら早く当てられるようになるのかな。

 運まかせじゃなくて、少しずつ答えの範囲を狭めていけばいいんじゃよ。よし、アルゴリズムを使ってみよう。

 こんなところでアルゴリズムが使えるんだね！

問題 7

誕生月を当てるゲームをします。異星人とユミはそれぞれ、別の方法で数字をたずねました。どちらの方が先に答えを当てられるでしょう。

「1〜12」の真ん中の数字「6」を聞いて、答えが「大きい」なら「7〜12」の半分の数字を聞くよ。正解するまで、これをくり返していくんだ

異星人の方法

出題者

誕生月は11月

ユミの方法

1から順に聞いていくよ

(1) ユミ　　(2) 異星人　　(3) どちらも同じ

——{ **ルール** }——

全体の数字が偶数のときは、小さい方の数字を真ん中とします。
出題者は、聞かれた数字に対して「正解」か、その数より「大きい」もしくは「小さい」とだけ答えます。

例

3ですか？　　　　3より大きいよ

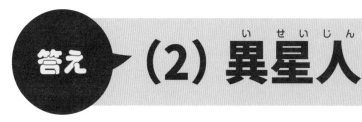

答え （2）異星人

 わあ！こんな方法があったんだ！

───────{ 解説 }───────

異星人の方法で質問をすると、何回で答えを当てられるか考えてみましょう。答えの範囲を半分ずつしぼっていく方法です。

1回目 「1〜12」の真ん中の数字を聞く

 異星人

6ですか？　　　6より大きいよ

1 2 3 4 5 6 7 8 9 10 11 12　➡　1 2 3 4 5 6 7 8 9 10 11 12

· ·

2回目 正解の数字は6より大きいので「7〜12」の真ん中の数字を聞く

9ですか？　　　9より大きいよ

1 2 3 4 5 6 7 8 9 10 11 12　➡　1 2 3 4 5 6 7 8 9 10 11 12

46

3回目 正解の数字は9より大きいので「10〜12」の真ん中の数字を聞く

 11ですか？　　　　　正解！

1 2 3 4 5 6 7 8 9 **10 11** 12 ➡ 1 2 3 4 5 6 7 8 9 10 **11** 12

異星人は3回目の質問で、答えを当てることができました。

･･

次に、ユミの方法で質問しましょう。1から順に質問していく方法です。

ユミ

1ですか？　　　**1回目**　　　1より大きいよ

2ですか？　　　**2回目**　　　2より大きいよ

:
:

11ですか？　　　**11回目**　　　正解！

ユミは11回目の質問で答えを当てることができました。早く当てることができるのは、3回の質問で正解を導き出した (2) 異星人です。

数当て名人になろう❷
【二分探索】

 こんなに早く当てられるなんてすごい！
もう一度やってみてもいい？

 もちろんじゃ！どうじゃ、二人とも。アルゴリズムを使うと
こんなふうに問題がパパッと解決するんじゃよ。

 博士かっこいい〜！アルゴリズムを使うと効率よく正解を
見つけることができるんだね。よーし、ぼくも使いこなせる
ようになるぞ！

 わたしも勉強したくなってきたわ！！

問題 8

誕生日の日にちを当てるゲームをします。ユミとサキはそれぞれ、別の方法で数字をたずねました。どちらの方が先に答えを当てられるでしょう。

出題者

誕生日は9日

「1～30」の真ん中の数字「15」を聞いて、
答えが「大きい」なら「16～30」の半分の数字を聞くよ。
正解するまで、これをくり返すよ

ユミの
方法

サキの
方法

1から順に
聞いていくよ

(1) ユミ　　　**(2) サキ**　　　**(3) どちらも同じ**

{ルール}

全体の数字が偶数のときは、小さい方の数字を真ん中とします。
出題者は、聞かれた数字に対して「正解」か、その数より「大きい」
もしくは「小さい」とだけ答えます。

例

5ですか？　　　　5より大きいよ

答え ▶ **(1) ユミ**

 これならクラスで一番になれるかも！教えてくれてありがとう！

━━━━━━━━━━ { **解説** } ━━━━━━━━━━
かいせつ

ユミの方法で質問をすると、何回で答えを当てられるか考えてみましょう。答えの範囲を半分ずつしぼっていく方法です。
しつもん　　　　　　　　　　　　　　　　　　　　　　　　　　　　　　　　はんい

1回目 「1～30」の真ん中の数字を聞く

ユミ

15ですか？

1 2 3 4 5 6 7 8 9 10
11 12 13 14 **15** 16 17 18 19 20
21 22 23 24 25 26 27 28 29 30

➡

15より小さいよ

1 2 3 4 5 6 7 8 9 10
11 12 13 14 15 16 17 18 19 20
21 22 23 24 25 26 27 28 29 30

···

2回目 正解の数字は15より小さいので「1～14」の真ん中の数字を聞く
せいかい

7ですか？

1 2 3 4 5 6 **7** 8 9 10
11 12 13 14 15 16 17 18 19 20
21 22 23 24 25 26 27 28 29 30

➡

7より大きいよ

1 2 3 4 5 6 7 8 9 10
11 12 13 14 15 16 17 18 19 20
21 22 23 24 25 26 27 28 29 30

3回目 正解の数字は7より大きいので「8〜14」の真ん中の数字を聞く

11ですか？

11より小さいよ

1	2	3	4	5	6	7	**8**	**9**	**10**
11	**12**	**13**	**14**	15	16	17	18	19	20
21	22	23	24	25	26	27	28	29	30

→

1	2	3	4	5	6	7	**8**	**9**	**10**
11	12	13	14	15	16	17	18	19	20
21	22	23	24	25	26	27	28	29	30

4回目 正解の数字は11より小さいので「8〜10」の真ん中の数字を聞く

9ですか？

正解！

1	2	3	4	5	6	7	**8**	**9**	**10**
11	12	13	14	15	16	17	18	19	20
21	22	23	24	25	26	27	28	29	30

→

1	2	3	4	5	6	7	8	**9**	10
11	12	13	14	15	16	17	18	19	20
21	22	23	24	25	26	27	28	29	30

ユミは4回目の質問で、答えを当てることができました。

1ですか？

1回目

1より大きいよ

9ですか？

9回目

正解！

サキ

サキは、1から順に質問していくので、9回目の質問で当てることができます。ユミは4回の質問で正解できるので、答えは（1）ユミです。

迷路を一番に抜け出そう❶
【幅優先探索】

男の子

あの〜すみません。このゲームの攻略法知ってますか？
迷路のゲームなんだけど、今度このゲームの大会があって。

ゲームの大会？楽しそう！
でもぼく地球のゲームなんてやったことないなあ。

優勝したらもらえるプレミアカードがどうしても
欲しくって…。どうにかならないかなあ。

よしよし、ここでもアルゴリズムを使うのじゃ！

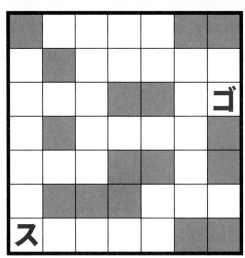

問題
9

この迷路でスタート（ス）からゴール（ゴ）まで行くには、最短で何分かかるでしょう。

─── ｛ルール｝ ───

1マス進むには、1分かかります。
今いるマスから縦か横のマスに1つ進むことができます。ななめのマスに進むことはできません。■のマスは通ることができません。

例

スタートのマスを「0」として、となり合うマスに「1」と書こう。「1」ととなり合うマスには「2」を書いて、これをくり返すと、ゴールに着くまでにかかる時間が分かるぞ

10分

 こんな方法があったんだ！これならぼくにもできそう！

{ **解説** かいせつ }

スタートを「0」としたとき、となり合うマスに「1」を書き、「1」と
となり合うマスには「2」を書きます。これをゴールに着くまで続けま
しょう。

ななめのマスには進めないの
で、数字を書かないように注
意してね

すべてのマスを埋めていくと、ゴールととなり合うマスには「9」と「11」が並びました。

	9	8	9	10		
5		7	8	9	10	11
4	5	6			9	ゴ
3		5	6	7	8	
2	3	4			7	
1				5	6	7
0	1	2	3	4		

ゴールのマスには「9」の次の数字「10」が入るので、この迷路は最短10分でゴールに着くことができます。

※ルートは以下の2つのうち、どちらでも正解です

	9	8	9	10		
5		7	8	9	10	11
4	5	6			9	10
3		5	6	7	8	
2	3	4			7	
1				5	6	7
0	1	2	3	4		

	9	8	9	10		
5		7	8	9	10	11
4	5	6			9	10
3		5	6	7	8	
2	3	4			7	
1				5	6	7
0	1	2	3	4		

迷路を一番に抜け出そう② 【幅優先探索】

 こんなふうに、アルゴリズムを使うと最短距離を見つけることもできるんじゃ！

 すごい！とっても物知りなんですね。声をかけてみてよかった。

 地球のゲームってすごく楽しいね！ぼくもハマりそう。

 楽しそうね。次はわたしにもやらせて！

 ワシの話聞いてるかい……？

 **問題10** 右の迷路で、スタート（ス）からゴール（ゴ）まで行くには、最短で何分かかるでしょう。

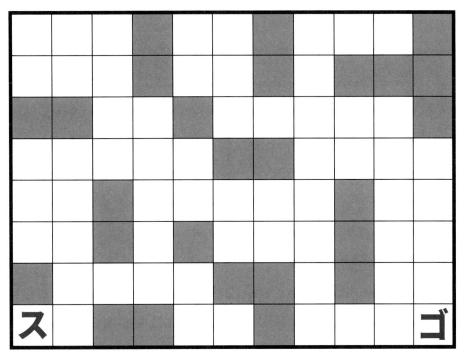

1マス進むには、1分かかります。

今いるマスから縦か横のマスに1つ進むことができます。ななめのマスに進むことはできません。■のマスは通ることができません。

スタートのマスを「0」として、
数字を書き込んでいけばいいのね！

 こんなにいい方法を教えてくれてどうもありがとう！
大会で優勝（ゆうしょう）をねらえそうだよ。

 優勝（ゆうしょう）できるといいね！がんばって！

───────────────{ 解説（かいせつ） }───────────────

スタートを「0」としたとき、となり合うマスに「1」を書き、「1」と
となり合うマスには「2」を書きます。これをゴールに着くまで続けま
しょう。

		7								
6	5	6	7							
5	4		6	7						
4	3		5							
	2	3	4	5						
0	1			6	7					ゴ

すべてのマスを埋めていくと、ゴールととなり合うマスには「15」と「17」が並びました。

11	10	9		17	16		14	15	16	
10	9	8		16	15		13			
		7	8		14	13	12	13	14	
6	5	6	7	8			11	12	13	14
5	4		6	7	8	9	10		14	15
4	3		5		9	10	11		15	16
	2	3	4	5			12		16	17
0	1			6	7		13	14	15	ゴ

ゴールのマスには「15」の次の数字「16」が入るので、この迷路は最短16分でゴールに着くことができます。

11	10	9		17	16		14	15	16	
10	9	8		16	15		13			
		7	8		14	13	12	13	14	
6	5	6	7	8			11	12	13	14
5	4		6	7	8	9	10		14	15
4	3		5		9	10	11		15	16
	2	3	4	5			12		16	17
0	1			6	7		13	14	15	16

※16分でゴールできれば、途中で他のルートをたどっても正解です

ポストを立てよう①
【配置最適化】

お兄さん
う〜ん…困ったなあ〜。

お兄さん、どうしたんですか？

おや！かわいい洋服を着ているね。そんな君に相談があるんだ。この辺でポストを立てる予定なんだけど、どこに立てたらいいと思う？なんとなく立てちゃっていいかなあ。

ちょっと待って！なんとなくで決めるのはダメじゃないかしら。アルゴリズムを使って考えてみるのはどう？

問題
11

町にポストを増やそうと考えています。しかし、お金がかかるため、いくつもポストをつくれるわけではありません。すべての駅から、他の駅を通らずにポストに行けるようにするには、計画表の①〜⑤のどことどことにポストがあればよいでしょう。

ポストを立てる場所の計画表

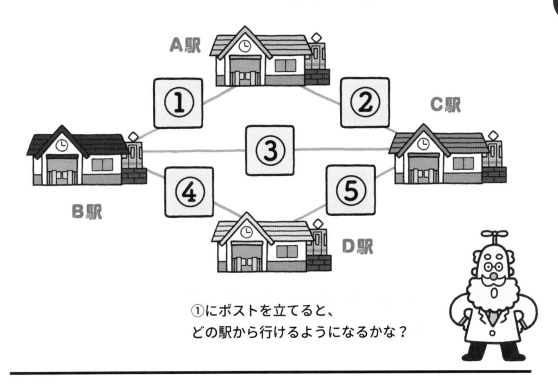

①にポストを立てると、
どの駅から行けるようになるかな？

答え ▶ ①と⑤、もしくは②と④

 おお〜！本当にポストが必要なところが分かったぞ！

 よかったわ！もうなんとなく立てるなんて言わないでね。

―――{ 解説 }―――

ポストが必要な場所を探します。A駅の近くには①と②があります。①にポストを立てると、A駅からは②にポストは必要ありません。また、B駅には①のポストがあれば十分なので、④の場所にポストは必要ありません。

どちらか1つあれば十分なので、ここでは①にポストを立てる

次に、Ｃ駅とＤ駅の間にポストを立てます。⑤にポストを立てると両方の駅から行くことができるので、②③④の場所にはポストは必要ありません。これで、①と⑤の場所にポストがあれば、すべての駅から他の駅を通らずにポストに行けることが分かりました。

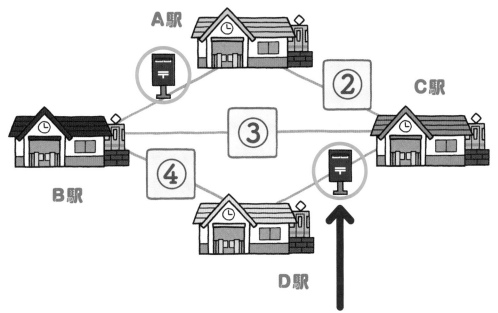

Ｃ駅とＤ駅の間にポストを立てる

同じように、②と④にポストを立てる考えでも正解です。

ポストを立てよう❷
【配置最適化】

 君たち、とってもかしこいんだね！そんな君たちの能力をみこんで、もう１つお願いがあるんだ。となり町にもポストを立てる予定なんだけど、どこに立てていいか分からなくてね。

 よーし！ぼくにまかせて！パパッと解決してみせるよ！

 頼もしいなあ。助かるよ！この計画表が完成しないと部長に怒られちゃうかもしれないんだ。

 大人の世界はいろいろと大変なのね。

 **問題12** となり町にポストを増やします。すべての駅から、他の駅を通らずにポストに行けるようにするには、計画表の①〜⑦の場所のうち、いくつポストを立てればよいでしょう？

ポストを立てる場所の計画表

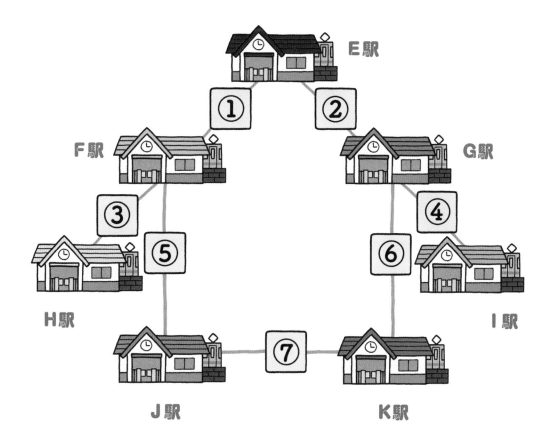

絶対にポストが必要な場所はどこだろう？
たくさんは立てられないから、最も少ない数にしよう！

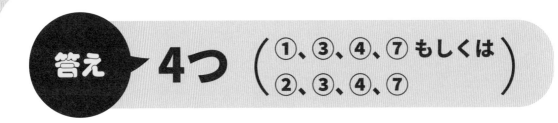

答え **4つ** （①、③、④、⑦ もしくは ②、③、④、⑦）

 いや〜とても助かったよ！これで部長に報告できそうだ！
本当にありがとう。

 地球のお仕事は大変なんだなあ。がんばってね！

{ **解説** }

はじめに、必ずポストを立てるべき場所を探します。H駅とⅠ駅はそれ
ぞれ直接行ける場所が1つしかないので、③と④にポストを立てる必要
があります。

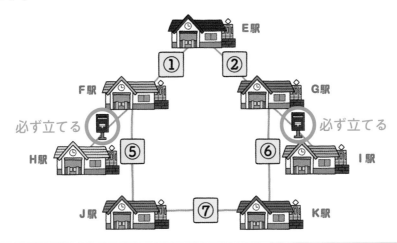

次に、J駅とK駅の間⑦にポストを立てます。これで、F駅・G駅・H駅・I駅・J駅・K駅から直接行ける場所にポストが立つことになるので、⑤と⑥に立てる必要はありません。

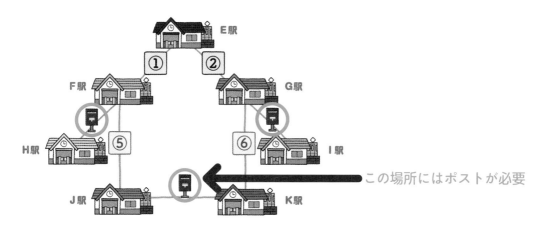

この場所にはポストが必要

E駅は①か②、どちらか片方のポストを残せば問題ありません。必要なポストの数は4つです。

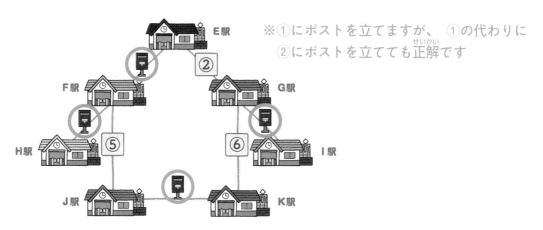

※①にポストを立てますが、①の代わりに②にポストを立てても正解です

アルゴリズムを図で表現してみよう

　アルゴリズムの手順は「フローチャート」という図で書き表すことができます。フローチャートは1章で学んだ「順次」「反復」「分岐」の形を使って表します。例えば、「出かけるとき」「そうじをするとき」の手順をフローチャートで表すと、下の図のようになります。

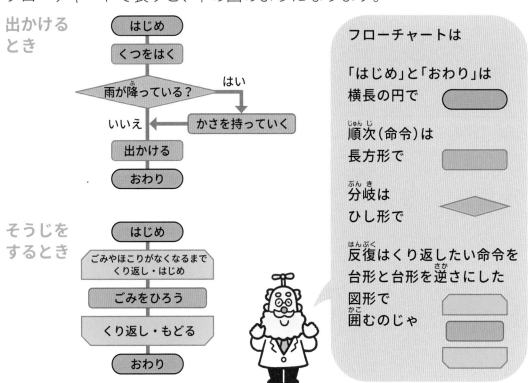

出かける
とき

はじめ

くつをはく

雨が降っている？　はい

かさを持っていく

いいえ

出かける

おわり

そうじを
するとき

はじめ

ごみやほこりがなくなるまで
くり返し・はじめ

ごみをひろう

くり返し・もどる

おわり

フローチャートは

「はじめ」と「おわり」は
横長の円で

順次（命令）は
長方形で

分岐は
ひし形で

反復はくり返したい命令を
台形と台形を逆さにした
図形で
囲むのじゃ

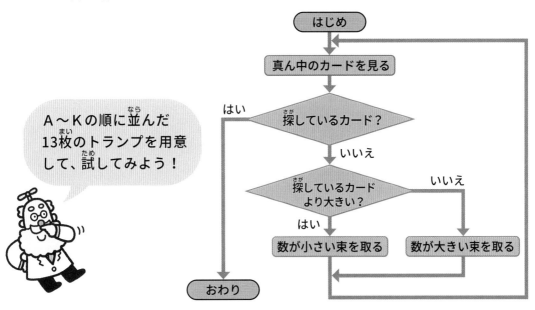

2章では、たくさんの情報の中から目的の情報を見つけるときに使うアルゴリズム（探索）や、施設やものを最適な場所に配置するときに使うアルゴリズム（P60〜配置最適化）を学びました。

二分探索（P44〜）の問題では、1から順に数字を聞いて見つけ出すという方法もありましたが、これは「線形探索」というアルゴリズムです。見つけたい情報が最初の方にあるなら線形探索、真ん中や後ろにあるなら二分探索の方が早く見つけることができます。どちらも「情報を早く見つける」という目的は同じですが、アルゴリズムが違うと見つける早さが変わるのが不思議ですね。

これらのアルゴリズムも、フローチャートを使って表すことができます。例えば、二分探索を使って「数字順に並んだカードの中から目的のカードを探す」流れをフローチャートで表すと下の図のようになります。

A〜Kの順に並んだ
13枚のトランプを用意
して、試してみよう！

はじめ

真ん中のカードを見る

探しているカード？

はい

いいえ

探しているカードより大きい？

いいえ

はい

数が小さい束を取る

数が大きい束を取る

おわり

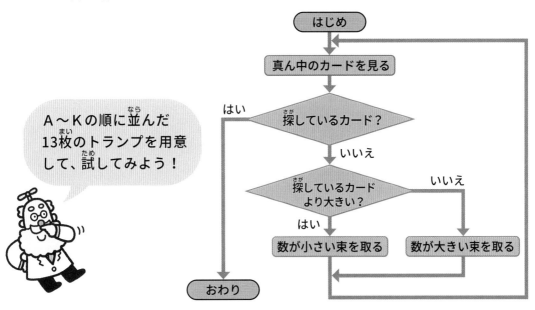

身近な**アルゴリズム**

調べ物をするときに使う、Googleや Yahoo! JAPAN などの検索エンジンは、大量の Web サイトの中から入力されたキーワードに関連するサイトを探して表示します。このとき利用されるのが「二分探索」などの「探索アルゴリズム」です。効率よく情報が見つかるように、日々アルゴリズムが改良されています。

検索エンジン

Search

基地局の配置

スマートフォンは、近くにある基地局につながることで通話やインターネットを利用することができます。どんな場所でも快適にスマートフォンを利用するためには、基地局を置く場所がとても大切です。適切な台数と置き場所を検討する際に「配置最適化」のアルゴリズムが利用されています。

町で見たことあるかも！

第 3 章

アルゴリズムを使って もっと 人助け

異星人たちと人助けをしながら
「バブルソート」、「選択ソート」、「ダイクストラ法」、「シーザー暗号」
アルゴリズムの仕組みを学ぼう。
これまでと同じように一つずつ順を追って考えていけば、
むずかしいことはないよ。

どうかね？
アルゴリズムが
分かってきたかのう？

うん！
少しずつ理解できる
ようになってきたよ！

ぼくは自分のこと
のろまだって思っていたけど
解決の方法や手順が
間違っていただけだったんだね

うんうん

そうじゃのう
もし間違えてしまったときは
原因を探して、
間違ったところから
やり直せばいいんじゃよ

アルゴリズムと
人生って
似ているのね〜

え…！？

何か変なこと
言った…！？

プルプル
プル…

じ〜ん

ジンセイ
…？？

ネコを整列させよう①
【バブルソート】

うーん…困った……。

あれは、ネコカフェの店長さんだわ。どうしたんですか？

ネコたちを整列させて写真をとりたいんだけど、とても気むずかしい性格でね。パパッと並べかえられる方法はないか悩んでいるんだ。

パパッと並べかえ…！それならぼくにまかせてください！

74

ネコを首輪についている数字の順に整列させます。ネコたちは気むずかしい性格のため、何度も移動させると怒ってしまいます。数字の順番通りに並べかえるには、最低でも何回、位置の交換をする必要があるでしょう。

入れかえて、左から数字順に整列させる

{ ルール }

1匹だけで動かすことはできず、となり合うネコ同士の位置を交換します。
右端からとなり同士のネコをくらべて、左のネコの方が数字が大きい場合、位置を交換します。

 例

左側の方が大きいので入れかえる

答え 3回

 おお！こんなにすぐ整列できるなんて…。
君たちに感謝するよ！

 ネコちゃんたちが怒り出さなくてよかったなあ。

─────────{ **解説** }─────────

右端から順に、となり同士の
ネコの数字をくらべていきま
す。まず、4と1。左の4の
方が右の1より大きいので入
れかえましょう。

右端から順にくらべる

4と1を
入れかえる

**入れかえ
1回目**

 数字をくらべて、入れかえが必要かどうか
確認する作業をくり返すのじゃ！

76

次に、真ん中のネコ同士の数字をくらべます。左の3の方が大きいのでネコの位置を入れかえましょう。

入れかえ **2回目**

3と1を入れかえる

続いて、2と1では、左の2の方が大きいので、2と1のネコの位置を入れかえましょう。

入れかえ **3回目**

2と1を入れかえる

左端までくらべ終えました。すべてのネコが数字順に並んだので、入れかえは終了です。3回の入れかえで、ネコたちを数字順に整列させることができました。

ネコを整列させよう② 【バブルソート】

 どうもありがとう！実は…もう1つお願いがあるんだけど…。

 もしかしてまたネコちゃんの並べかえですか？

 そうなんだ。まだ何匹か部屋の奥にかくれていてね。さっきみたいにすぐに並べかえられるかな？

問題 14

ネコを首輪についている数字の順に整列させます。気むずかしいネコたちを怒らせないように、すばやく並べかえましょう。数字の順番通りに並べかえるには、最低でも何回、位置の交換をする必要があるでしょう。

↓ 入れかえて、左から数字順に整列させる

{ ルール }

1匹だけで動かすことはできず、となり合うネコ同士の位置を交換します。

となり同士のネコをくらべて、左のネコの方が数字が大きい場合、位置を交換します。

左端までくらべ終えたら、また右端にもどってくらべます。

すべてのネコが数字順に整列するまで、この流れをくり返します。

1回目　　　　　　　　　　　　　右端から順にくらべる

2回目　←　　　　　　　右端にもどって順にくらべる

 例

（3　1　2　5　4）

数が増えたから、なんだかむずかしそう

だいじょうぶ。さっきと同じように、
となり合うものをくらべていけばいいんじゃよ

答え ▶ **3回**

 ネコたちがこんなに大人しく整列できるなんて…。
これなら写真もきれいにとれそう！ありがとう！

{ 解説 }

右端からネコの数字をくらべて
いきます。まずは、5と4。左
の5の方が大きいので、ネコの
位置を入れかえます。

右端から順にくらべる

5と4を
入れかえる

入れかえ
1回目

次に2と4。右の4の方が大き
いので、入れかえる必要はあり
ません。次に、1と2。右の2
の方が大きいので入れかえる必
要はありません。

80

次に、3と1。左の3の方が大きいので入れかえます。左端までくらべ終えたので、一番左の1は一番小さい数字だと分かりました。

3と1を
入れかえる

もう一度、右端から数字をくらべていきます。4と5は右の5の方が大きいので、入れかえる必要はありません。2と4では右の4の方が大きいので、入れかえる必要はありません。

また右端にもどって順にくらべる

確定

3と2を
入れかえる

続いて、3と2。左の3の方が大きいので入れかえます。1は左端と分かっているので、1と2をくらべる必要はありません。これでネコたちが数字の順に整列できました。

本を並べかえよう❶
【選択ソート】

あいたたた…腰が痛くて困ったのう…。

おじいさん

おじいさん、だいじょうぶですか？何かお手伝いしますよ！

そりゃあ助かるよ。本棚の上にある本を並べかえたいんだけどね。
どうも腰が痛くて…いてて。

それならわたしたちにもできそう！お手伝いしますよ！

順番がバラバラになった本を、数字が小さい順に並べかえましょう。ルールの方法で並べかえたとき、最低でも何回、本の位置を交換すれば本が数字順に並ぶでしょう。

入れかえて、左から数字が小さい順に整列させる

─── { ルール } ───

一番小さい数の本を探して、左端の本と入れかえます。次に残りの本の中から、また一番小さい数を探して、そのうちの左端の本と入れかえます。

すべての本が正しい位置に整列されるまで、これをくり返します。

例　一番小さい数字を見つけて、左端の本と入れかえる

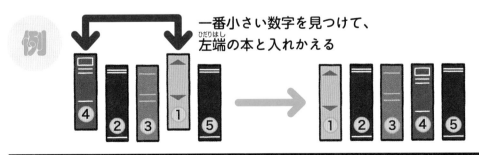

答え 3回

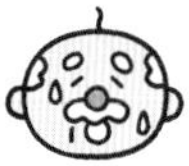
困っていたときに君たちが通りかかってくれてよかったよ。

解説

本の中で一番小さい数字は⑤です。⑤は左端に置くべきなので、㉝の本と入れかえます。これで⑤の位置は確定しました。

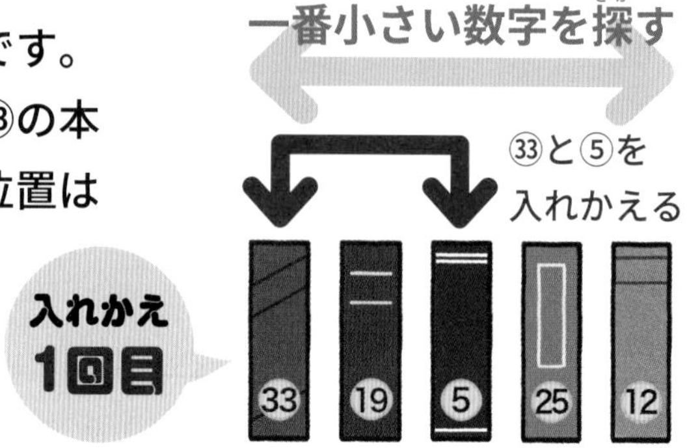

一番小さい数字を探す
㉝と⑤を
入れかえる
入れかえ
1回目
33
19
5
25
12

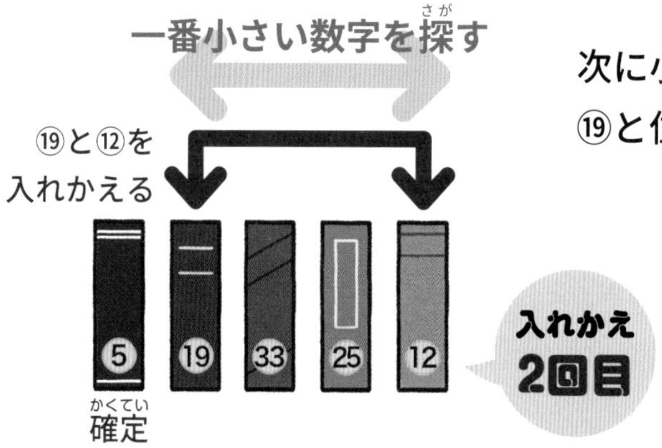

一番小さい数字を探す
⑲と⑫を
入れかえる
5
19
33
25
12
確定
入れかえ
2回目

次に小さい数字⑫は左から２番目の、⑲と位置を入れかえましょう。

次に小さい数字は⑲です。⑲の本は
左から３番目の㉝と位置を入れかえ
ましょう。

一番小さい数字を探す

㉝と⑲を
入れかえる

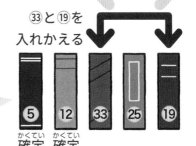

**入れかえ
3回目**

確定　確定

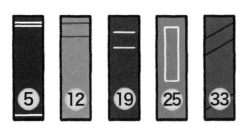

次に小さい数字㉕は、すでに整列
されています。残りの㉝も右端に
並べられているので、並べかえは
終了です。３回の入れかえで本を
整列させることができました。

同じ「並べかえ」でも、ネコを整列させた
ときとは違った方法だね！

本を並べかえよう❷
【選択ソート】

 いやあ、腰が痛くてどうしようかと思ったけど、こんなにすぐに本を並べてくれてありがとうね。

 いいえ！もしよかったら家の中の本をすべてきれいに並べましょうか？

 いいのかい？それはうれしいなあ。

 おじいさんは座って休んでいてください。

 なんだか二人とも、いつの間にか頼もしくなったのう……。

問題16 順番がバラバラになった本を、左から数字が小さい順に並べかえましょう。ルールの方法で並べかえたとき、最低でも何回、本の位置を交換すれば本が数字順に並ぶでしょう。

入れかえて、左から数字が小さい順に整列させる

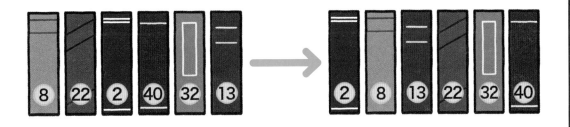

一番小さい数の本を探して、左端の本と入れかえます。次に残りの本の中からまた一番小さい数を探して、そのうちの左端の本と入れかえます。

すべての本が正しい位置に整列されるまで、これをくり返します。

まずは本の中で一番小さい数字を探そう！

 とても助かったよ！助けてくれてありがとう。

解説 (かいせつ)

この本の中で一番小さい数字は②です。②は左端（ひだりはし）に置くべきなので、⑧の本と位置を入れかえます。これで②の位置は確定（かくてい）しました。

一番小さい数字を探（さが）す

⑧と②を
入れかえる

入れかえ 1回目

8 22 2 40 32 13

一番小さい数字を探（さが）す

㉒と⑧を
入れかえる

2 22 8 40 32 13

確定（かくてい）

次に小さい数字⑧は、左から2番目の㉒と位置を入れかえましょう。

入れかえ 2回目

一番小さい数字を探す

㉒と⑬を
入れかえる

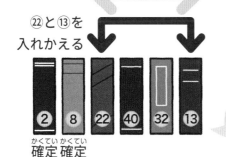

入れかえ
3回目

2 8 22 40 32 13

かくてい かくてい
確定 確定

次に小さい数字は⑬です。⑬の本は、
左から3番目の㉒と位置を入れかえ
ましょう。

次に小さい数字は㉒です。㉒の本は
右から3番目の⑳と位置を入れかえ
ましょう。

入れかえ
4回目

一番小さい数字を探す

⑳と㉒を
入れかえる

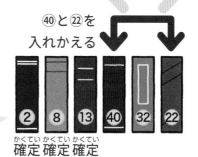

2 8 13 40 32 22

かくてい かくてい かくてい
確定 確定 確定

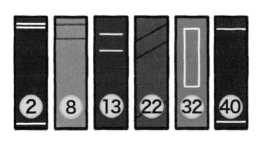

2 8 13 22 32 40

次に小さい㉜は、すでに整列
されています。⑳の本も正し
く整列されているので、並べ
かえは4回で終了です。

公園への近道を探そう①
【ダイクストラ法】

ヒーロー
ひえぇぇ〜〜！大変だ〜〜ちこくちこく〜！！

なんだか不思議な格好のお兄さんだ。

君たち！もしかして公園までの近道を知ってる？これから公園でヒーローショーがあるんだけど、おくれそうなんだ！倉庫によって荷物を取ってから行かなきゃいけないのにどうしよう。

なんだかヒーローっぽくないのう。公園までの近道を探してみるから、ひとまず落ち着くのじゃ！

問題
17

スタートから、倉庫を通って一番早く公園に着くルートを探_{さが}します。地図に書いてある数字は、その道を通るのに何分かかるかを表しています。最短経路_{けいろ}を通った場合、何分で公園に着けるでしょう。

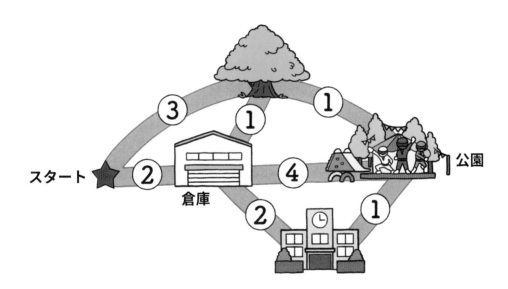

スタート

倉庫

公園

{ ルール }

「スタートから倉庫まで」、「倉庫から公園まで」それぞれで、最も早く着くルートを選びます。

同じ道を2回通ることはできません。

 答え ▶ 4分

 うわあ！ギリギリ間に合いそうだ！助かった…！

{ 解説 }

スタートから倉庫を通って公園まで行く最短経路を見つけるには、「スタートから倉庫まで最も早く着くルート」と「倉庫から公園まで最も早く着くルート」を探す必要があります。

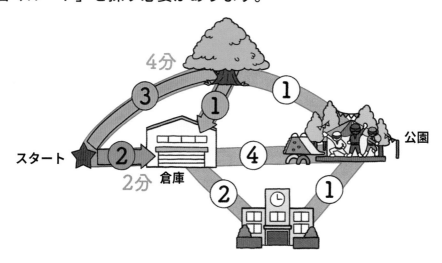

スタートから倉庫までは、4分かかる道と2分かかる道があるので、2分が最短となります。

次に、倉庫から公園までを考えます。2分かかる道と、4分かかる道、そして3分かかる道があるので、2分が最短です。

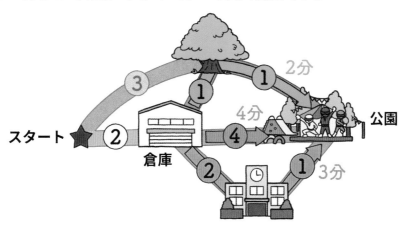

スタートから倉庫までの最短が2分、倉庫から公園までの最短が2分なので、それらを足すと4分。スタートから倉庫を通って公園までは最短4分で着けることが分かりました。

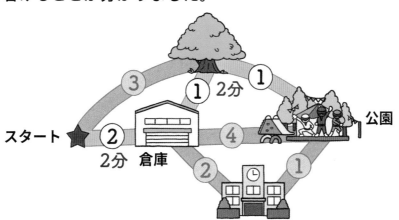

公園への近道を探そう❷
【ダイクストラ法】

 わああ、大変だ！忘れ物しちゃった！

 お兄さん、ぼくと同じでおっちょこちょいなんだね。

 せっかく近道を教えてもらったのに申しわけないんだけど、コンビニにもよりたいんだ。

 この近くにコンビニはたくさんあるはずよ！もう一度、一番近道になるルートを探してみましょう！

問題18 スタートから、倉庫とコンビニを通って一番早く公園に着くルートを探します。地図に書いてある数字は、その道を通るのに何分かかるかを表しています。最短経路を通った場合、何分で公園に着けるでしょう。

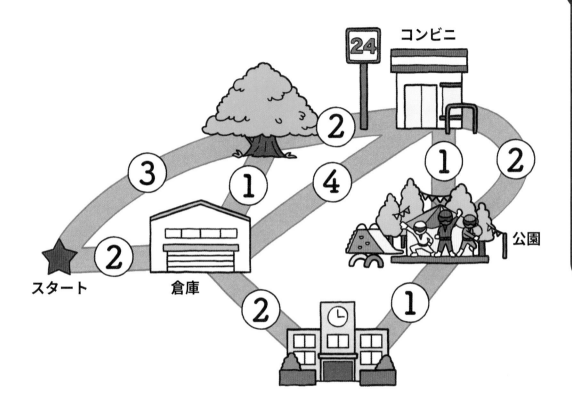

{ ルール }

「スタートから倉庫まで」、「倉庫からコンビニまで」、「コンビニから公園まで」それぞれで、最も早く着くルートを選びます。
同じ道を2回通ることはできません。

 1人だったら、きっと途方にくれていたよ。君たちは恩人だ！

 えへへ。お兄さん、ヒーローショーがんばってね！

――――――――{ **解説** }――――――――

はじめに、「スタートから倉庫まで最も早く着くルート」を見つけます。

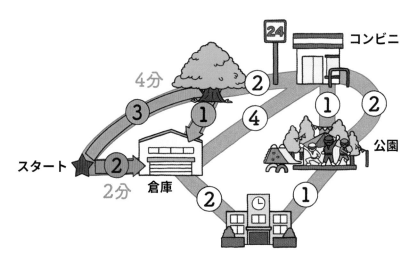

スタートから倉庫までは、4分かかる道と2分かかる道があるので、2分が最短となります。

96

次に、「倉庫からコンビニまで最も早く着くルート」を選びます。3分かかる道、4分かかる道、5分かかる道があるので、3分が最短です。

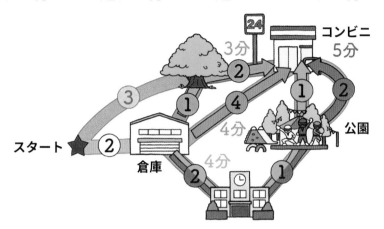

「コンビニから公園まで最も早く着くルート」は、1分かかる道、2分かかる道、7分かかる道があるので、1分が最短です。スタートから公園までは、2分と3分と1分を合わせて最短6分で着けることが分かりました。

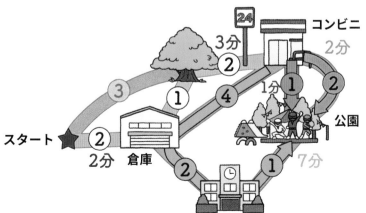

秘密のメッセージを送ろう ①
【シーザー暗号】

 うーん…何かいい方法はないかなあ。

ゆうと

 となりのクラスのゆうとくんだわ。何かあったの？

 来週、担任の先生の誕生日にクラスのみんなでプレゼントをおくるんだ。先生本人にはばれないように、プレゼント内容をみんなに伝えたくて…いい方法はないかなあ。

 いいこと思いついた！メッセージを暗号にするのはどう？

問題19

友達にメッセージを送ります。だれかに見られても内容（ないよう）がばれないように、大事な言葉は暗号化しました（赤字部分）。【3】に設定されたキーを使って解読（かいどく）しましょう。元の言葉は（1）〜（3）のうち、どれでしょう。

ピピピッ
アンゴウカ！

キー：【3】

をおくる

〜〜〜〜〜〜〜〜〜〜〜〜〜〜〜〜〜〜〜〜〜

へねてべをおくる

（1）てかがみ　　　（2）はなたば　　　（3）てちょう

{ **ルール** }

暗号化は、キーの数だけ文字を五十音順に後ろにずらしています。

 ★キーが【2】の場合

ともだち ➡ にゆづて

元の言葉　　　暗号化された言葉

「と」を2文字後ろにずらす→「に」
「も」を2文字後ろにずらす→「ゆ」
「だ」を2文字後ろにずらす→「づ」
「ち」を2文字後ろにずらす→「て」
「にゆづて」と暗号化

答え ▸ （2）はなたば

  すごいね！これなら絶対ばれないよ！

{ 解説 }

暗号化された言葉「へねてべ」をキーを使って解読します。キーは【3】なので、暗号化された言葉の文字を3文字ずつ前方向にずらし、元にもどします。

暗号化された言葉

へねてべをおくる

「へ」「ね」「て」「べ」を3文字前にずらす

むずかしいときは五十音表で考えるのじゃ

【五十音表】

あ	い	う	え	お
か	き	く	け	こ
さ	し	す	せ	そ
た	ち	つ	て	と
な	に	ぬ	ね	の
は	ひ	ふ	へ	ほ
ま	み	む	め	も
や		ゆ		よ
ら	り	る	れ	ろ
わ		を		ん

3文字前にずらす

 ひ ふ ほ

言葉は暗号化されたとき、後ろにずらされているので、前にずらしてもどします。「へ」は「は」になります。

「ね」を3文字前にずらすと、「な」です。

3文字前にずらす

 に ぬ ね の

3文字前にずらす

 ち っ と
 び ぶ ぼ

「て」と、「べ」を3文字ずつ前にずらします。「て」は「た」、「べ」は「ば」だったことが分かりました。つなげあわせると、「はなたば」になるので、答えは（2）のはなたばです。

秘密のメッセージを送ろう❷
【シーザー暗号】

 なんだか暗号ってかっこいいね！ワクワクするよ。

 これを使えば長い文章でもばれずにメッセージを送れそうね。

 よし！先生へのサプライズプレゼントを
みんなに秘密のメッセージで連絡してみるよ！

問題 20 キーを【3】に設定して、友達に秘密のメッセージを送ります。先生へのサプライズプレゼントなので、内容がばれないように大事な言葉は暗号化しました（赤字部分）。暗号化された言葉は何でしょう。

サプライズプレゼントの内容

ちうちおふのげくき をかいた にげも

アンゴウカ
カンリョウ！

キー：【3】
●●●●●●●●●●をかいた●●●

ちうちおふのげくきをかいたにげも

｛ルール｝

暗号化は、キーの数だけ文字を五十音順に後ろにずらしています。

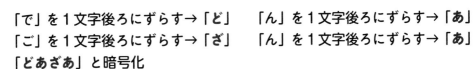
「ん」の次は「あ」にもどるんだね！

例 ★キーが【1】の場合

でんごん ➡ どあざあ

元の言葉　　　　　　暗号化された言葉

「で」を1文字後ろにずらす→「ど」　　「ん」を1文字後ろにずらす→「あ」
「ご」を1文字後ろにずらす→「ざ」　　「ん」を1文字後ろにずらす→「あ」
「どあざあ」と暗号化

答え せんせいのにがおえをかいた てがみ

 これで準備はかんぺきだ！サプライズが成功しそうだよ！いいことを教えてくれてありがとう。

 どういたしまして！先生、よろこんでくれるといいね。

 解説

暗号化された言葉を、キーを使って解読します。キーは【3】なので、暗号化された言葉の文字を、すべて3文字ずつ前方向にずらし、元にもどします。

ちうちおふのげくき をかいた にげも

3文字前にずらす　　　　　　　3文字前にずらす

3文字前にずらす

… す せ そ た ち …
… を ん あ い う …
… す せ そ た ち …
… あ い う え お …
… ね の は ひ ふ …

言葉は暗号化されたとき、後ろにずらされているので、前にずらしてもどします。キーは【3】なので、すべて前に3文字ずらすと、「ちうちおふ」は「せんせいの」という言葉になります。

「のげくき」も3文字ずつ前にずらすと、「にがおえ」になります。

3文字前にずらす

… に ぬ ね の …
… が ぎ ぐ げ …
… お か き く …
… え お か き …

3文字前にずらす

… て と な に …
… が ぎ ぐ げ …
… み む め も …

次に、「にげも」をキーにしたがって3文字ずつ前にもどすと、「てがみ」になります。よってメッセージは「先生の似顔絵をかいた手紙」だと分かりました。

アルゴリズムとプログラミング

　わたしたちの身近にある機械や家電は、人間のように自分の意思で動くことはできません。あらかじめ、機械や家電に組み込まれたコンピュータが、そのときの状況に合わせて動くように設定されています。このように、機械を思い通りに動かすために、コンピュータに指示を出すことを「プログラミング」といいます。

　コンピュータは指示された一つひとつの指示を積み重ねて、一つの動作を行うことができます。プログラミングをするときは、コンピュータが分かるように、目的とその手順を指示する必要があります。

✕ 目的だけを指示する

ペンをとってきてほしいのじゃ

〇 目的と手順を指示する

部屋のとびらを開けて
↓
机の上にある荷物を見て
↓
青色のペンを探して
↓
持ってきてほしいのじゃ

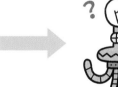

リョウカイ！

　このとき、プログラムの流れを分かりやすく表した図、フローチャート（P68）を使って考えることもできます。

　3章ではたくさんの情報を順番に整列させるときに使うアルゴリズム（P74〜バブルソート、P82〜選択ソート）や、出発地点から到着地点までの最短経路を探すアルゴリズム（P90〜ダイクストラ法）、そして秘密の情報をやりとりするとき、他の人に分からないようにするアルゴリズム（P98〜シーザー暗号）を学びました。

　アルゴリズムは、機械やプログラミングの中だけで使われるものではありません。例えば、トランプゲームで、手札のカードを数字順に並べ直すときや、出席番号順にプリントを並べかえるときには「整列（バブルソート・選択ソート）アルゴリズム」の要領で並べかえていますよね。他にも、辞書で単語を調べるときや、図書館で目的の本を探すときに「探索（線形探索・二分探索）アルゴリズム」を使っていると思います。実は、わたしたちが無意識のうちに行っている行動にもアルゴリズムがかくれているのです。

知らず知らずのうちに
アルゴリズムを使っていたんだね！

音楽
プレイヤー

　音楽プレイヤーでは、曲をアーティスト順やタイトル順、人気順などで並べかえることができます。並べかえることで曲を探しやすくなり、どの曲が人気なのかといった情報を見やすくなります。このとき利用されるのが「整列アルゴリズム」です。整列アルゴリズムには、いくつかの種類があり、適したアルゴリズムを使わないと、整列に時間がかかってしまうことがあります。

地図アプリや
カーナビの
道案内

　地図アプリやカーナビで目的地までの道のりを検索すると、多くの道から最短の行き方を見つけて表示します。直接行ける道がある場合でも、遠回りに見える道の方が早く着けることもあります。歩いていくときは坂のない道を表示したり、電車やバスを使う場合の道のりを表示したり、様々な方法での最短経路を導き出すことができます。この最短経路の計算に「ダイクストラ法」などのアルゴリズムが利用されています。

アルゴリズムのおかげで
便利になっているんだね

第 4 章

アルゴリズムを使いこなそう

これまで学んだアルゴリズムの総復習。

問題は今までよりレベルアップしているので、

確認しながらゆっくり進めていこう。

ぼく、大人になったらまた地球に来るよ！きっと一人前になってもっとたくさんの人を助けられるようになるから！

楽しみに待ってるわ！わたしももっとアルゴリズムを勉強しておくね

ワシは地球以外の星に興味があるのう…

ポワ〜ン

一緒にパパット星に行ってもいいかのう？

えっ!?

本当に？もちろん！

そうと決まれば出発の準備じゃ！サキ、しばらくワシの研究室を頼むぞ！

そんな急に!?

思い立ったが吉日じゃ！ワクワクするのう〜

帰り道を考えよう❶
【順次】

 よーし！パパット星までの帰り道を考えなくっちゃね！

 そこはよく考えずに出発したんじゃな？

 地球からパパット星に帰るには、どうすればいいんだろう。

 パパット星に帰る道はいくつかあるみたいだぞ。

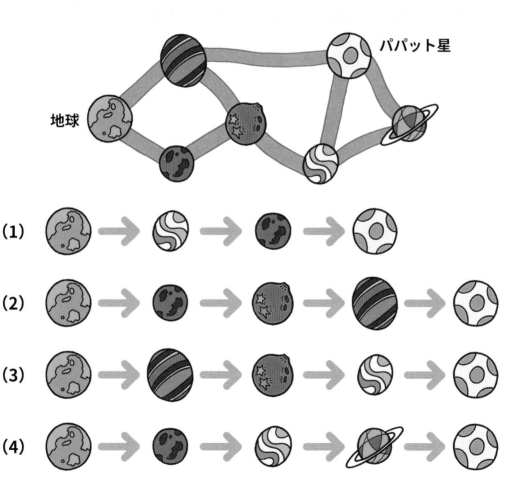

問題 **21**
パパット星に帰るルートを考えましょう。次の (1)〜(4) うち、パパット星に帰れるのはどのルートでしょうか。正解のものをすべて選びましょう。

地球

パパット星

(1)

(2)

(3)

(4)

 いろんな星を通って、パパット星まで行けばいいんだね。

解説{かいせつ}

地球から他の星を順にたどって、パパット星にたどり着けるか確認{かくにん}しましょう。

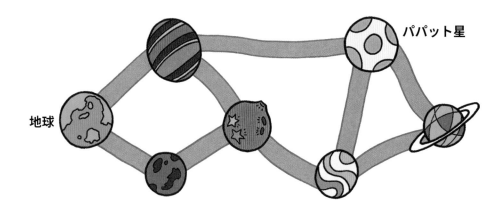

パパット星

地球

(1)　🌍 → 🌀 → 🌑 → 🔵　✕

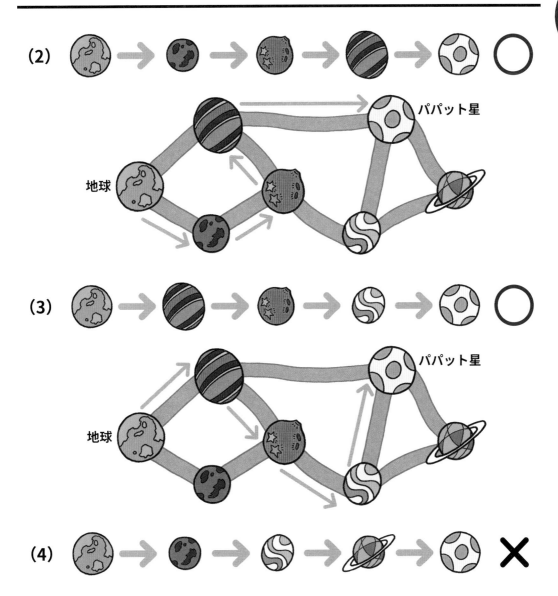

パパット星にたどり着けるのは、（2）と（3）です。

帰り道を考えよう②
【ダイクストラ法】

 あっ！そうだ！お母さんから頼まれごとがあったんだ。

 何を頼まれていたんじゃ？

 ピピット星でおつかいをして帰らなくちゃいけないんだった。

 ふむ、それならピピット星によってからパパット星に早く帰れるルートを考えるぞ。

 パパッと帰れるかな？

 問題22

パパット星までの最短経路を探します。地球を出発してから、ピピット星によって、一番早くパパット星に帰れるルートを選ぶと、何時間かかるでしょう。

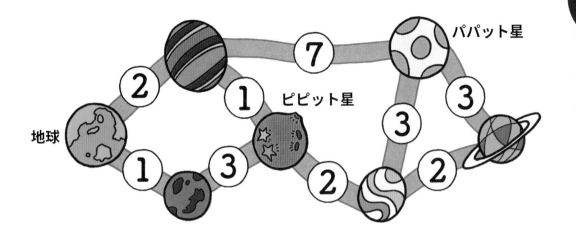

おつかいのために、ピピット星を通らなくちゃ！

{ ルール }

数字はそのルートを通ったとき、何時間かかるかを表しています。
「地球からピピット星まで」、「ピピット星からパパット星まで」それぞ
れで、一番早く着くルートを選びます。
同じ道を2回通ることはできません。

 よーし、あらためてピピット星に向けて出発進行だ〜！

{ 解説 }

「地球からピピット星まで最も早く着くルート」と「ピピット星からパパット星まで最も早く着くルート」を見つけます。

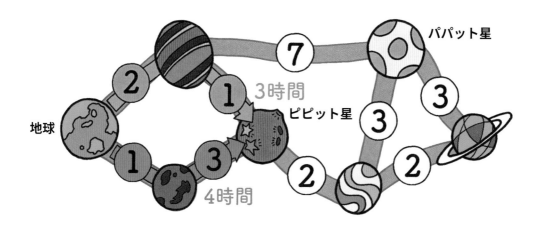

地球からピピット星までは、4時間かかる道と3時間かかる道があるので、3時間かかる道を選びます。

次に、ピピット星からパパット星まで最も早く着くルートを選びます。
5時間かかる道と、7時間かかる道があるので、5時間が最短です。

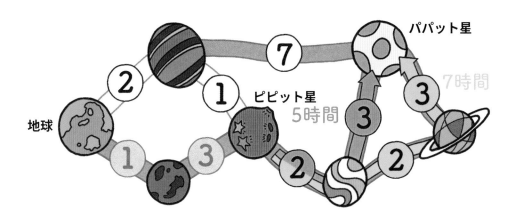

地球からピピット星まで最も早く着くルートが3時間、ピピット星から
パパット星まで最も早く着くルートが5時間なので、地球から最短8時
間でパパット星に着けることがわかりました。

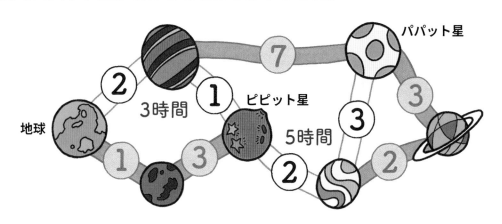

おつかいをしよう①
【シーザー暗号】

 ふぅ〜。ようやくピピット星に到着したぞ〜。

 ここがピピット星なんじゃな。やっぱり地球とは雰囲気が違うのう。そういえばおつかいの内容はなんなのじゃ？

 お母さんからメモをもらってたんだ。あれ…？
言葉が暗号化されてる！たしかお母さんの好きな数字は【4】だから…【4】がキーのはずだ！

問題 23 暗号化された言葉（赤字部分）をキー【4】を使って解読しましょう。暗号化された①、②、③の元の言葉は何でしょう？

ピピット星で

① **ねぬら** 　② **なかそか** 　③ **さへせ**

を見つけてとってきてね

母より

キー：【4】

オツカイノ
ナイヨウダネ

{ ルール }

暗号化は、キーの数だけ文字を五十音順に後ろにずらしています。
文字をずらすとき、「ん」の次は五十音順のはじめ「あ」にもどります。

答え ① **とても** ② **ちいさい** ③ **きのこ**

 お母さん、ぼくが成長したのか試したんだね？
これくらい簡単に解けちゃうもんね！

解説

暗号化された言葉をキーを使って解読します。言葉は暗号化されたとき、後ろに文字をずらされているので、キーの数だけ前にずらして元にもどします。

ピピット星で
① **ねぬら** ② **なかそか** ③ **さへせ**
を見つけてとってきてね

4文字前にずらす

4文字前にずらす

… **と** な に ぬ **ね** …

… **て** と な に **ぬ** …

… **も** や ゆ よ **ら** …

キーは【4】なので、①「ねぬら」をそれぞれ前に4文字ずらすと「とても」になります。

次に、②「なかそか」を元の言葉にもどします。すべてを4文字ずつ前にもどすと「ちいさい」だと分かります。

4文字前にずらす

… **ち** っ て と **な** …

… **い** う え お **か** …

… **さ** し す せ **そ** …

… **い** う え お **か** …

4文字前にずらす

… **き** く け こ **さ** …

… **の** は ひ ふ **へ** …

… **こ** さ し す **せ** …

③「さへせ」を4文字ずつ前にもどすと「きのこ」という言葉になります。よってメッセージの内容（ないよう）は「とても ちいさい きのこ」だと分かりました。

スゴイスゴイ！

おつかいをしよう❷
【バブルソート・選択ソート】

そうだ！ピピット星に生えている光るキノコが貴重（きちょう）だって、お母さん言ってたなあ。小さければ小さいほどおいしいんだって。

なるほど、確（たし）かにキノコがたくさん生えているのう。たくさん取って小さい順に並（なら）べてみるかのう。

えーっと…この場合はどの方法で並（なら）べかえるのが早いのかな？

問題24　長さ（㎝）を書いたシールをはったキノコを、左から小さい順に並（なら）べかえます。異星人（いせいじん）と博士（はかせ）はそれぞれ別の方法でキノコを並（なら）べかえていきます。どちらの方法が早くキノコを並（なら）べかえられるでしょう？

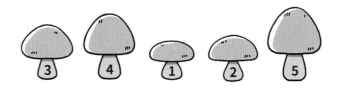

博士の
方法

P74「バブルソート」のやり方で並べかえるぞ。右端から順に、となり同士のキノコの長さをくらべて、右のキノコより左のキノコの方が大きかったら、入れかえるのじゃ。整列するまでくり返すぞ

右端から順にくらべる

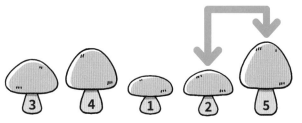

P82「選択ソート」のやり方で並べかえるよ。一番小さなキノコを探して、左端のキノコと入れかえよう。次に残りのキノコの中からまた一番小さいキノコを探して…これをくり返すよ

一番小さい数字を探して並べかえる

異星人
の方法

(1) 博士　　　(2) 異星人　　　(3) どちらも同じ

――――――――{ ルール }――――――――

キノコ同士の位置を交換したときを1回と数え、少ない回数で整列させることができる方を選びましょう。

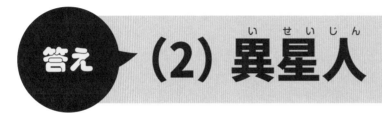

答え ▶ （2）異星人

時と場合によって使うアルゴリズムを変えたほうが
いいんだね。せっかくだからキノコをきれいに並べて
持って帰らなきゃ。

──────────────{ **解説** }──────────────

博士の方法で並べかえた場合、何回の入れかえで整列させることができ
るか、考えてみましょう。

･･･

博士の方法
右端から順に、となり同士のキノコの長さ（cm）をくらべ
て、左のキノコの方が大きかったら位置を入れかえる。

右端の２つのキノコをくらべる
と、右の５cmのキノコが大きい
ので、入れかえは必要ありませ
ん。次の１cmと２cmのキノコも
入れかえは必要ありません。

右端から順にくらべる

4と1を
入れかえる

次は、左の４cmのキノコが右
の１cmのキノコより大きいの
で、位置を入れかえます。

次に、左端のキノコをくらべま
す。右の１cmのキノコより左の
３cmのキノコ方が大きいので、
入れかえます。左端までくらべ
終えたので、一番小さいキノコ
が決まりました。

3と1を
入れかえる

右端から順にくらべる

4と2を
入れかえる

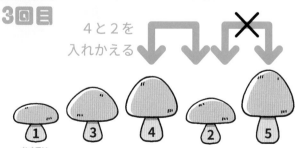

確定

もう一度、右端からくらべま
す。２cmと５cmでは入れかえ
る必要はありません。その左
の４cmと２cmのキノコは、左
の４cmのキノコの方が大きい
ので、位置を入れかえます。

入れかえ
4回目

3と2を
入れかえる

続いて、3cmと2cmのキノコでは左の3cmのキノコの方が大きいので、位置を入れかえます。左端（ひだりはし）は決まっているので、並（なら）べかえ終了（しゅうりょう）です。

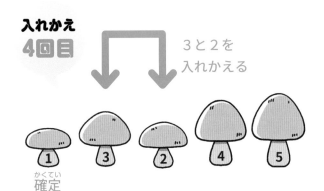

1
確定（かくてい）

3

2

4

5

次に、異星人（いせいじん）の方法でキノコを並（なら）べかえましょう。

異星人（いせいじん）の方法

一番小さなキノコを探（さが）して、左端（ひだりはし）のキノコと位置を入れかえる。次に残りのキノコの中からまた一番小さいキノコを探（さが）して…これをくり返す。

一番小さいキノコは1cmのキノコなので、左端（ひだりはし）のキノコと位置を入れかえます。

一番小さい数字を探（さが）す

3と1を
入れかえる

入れかえ
1回目

3

4

1

2

5

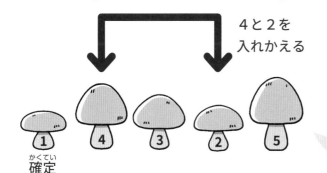

一番小さい数字を探す

4と2を
入れかえる

確定

左端の一番小さいキノコは位置が確定しました。次に小さいのは2cmのキノコです。左から2番目の4cmのキノコと位置を交換します。

**入れかえ
2回目**

これで、異星人もキノコを小さい順に並べかえることができました。異星人は2回の入れかえで整列させることができ、博士は整列までに4回かかったので、(2) 異星人の方が早く並べかえることができます。

今回の場合は選択ソートを使った方が効率がいいんだ！

困っている異星人を助けよう
【配置最適化】

ピピット星の子

うわ～どうしたらいいの～！

おや、ピピット星の子かのう。なんだか困っているみたいだぞ。

どうかしたの？

お兄さん助けて！花壇が動物に荒らされちゃうの！

うーんと……そうだ！花壇の近くにかかしを置くと
動物たちは逃げるんじゃないかな？

問題25

動物たちが花壇を荒らさないように、すべての花壇が直接見える場所にかかしを置きます。計画表の⬤の場所にかかしを置くことができます。できるだけ少ない数を置きたい場合、かかしは何体必要になるでしょう？

かかしを置く計画表

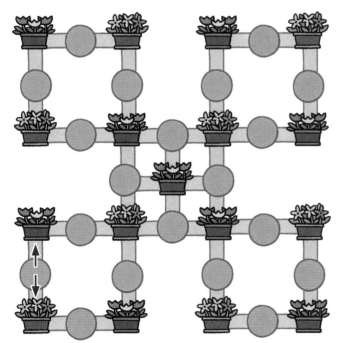

2つの花壇が見える場所にかかしを置いたほうがいいぞ

似ている形が多いから、何か法則性がありそう！

※となり合う花壇を見ることができます

 お兄さん、パパット星の人だったんだね！
うわさ通り、パパッと解決しちゃうなんてすごいなあ。

 えへへ。どういたしまして。
修行のおかげで、ぼくも一人前に近づけたのかな。

解説

５つのエリアに分けて考えていきましょう。中心部の花壇にはたくさんの選択肢があるので最後に考えます。まずは、左上のエリアからかかしを置きます。

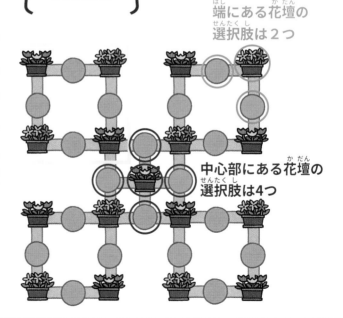

端にある花壇の選択肢は２つ

中心部にある花壇の選択肢は4つ

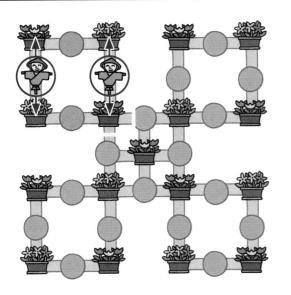

ポイントは、2つの花壇を見ることができる場所にかかしを置くことです。向かい合う場所にかかしを2体置くと、1体のかかしで2つの花壇を見守ることができます。

右側のエリアも、同じように向かい合う場所に2体のかかしを置きます。

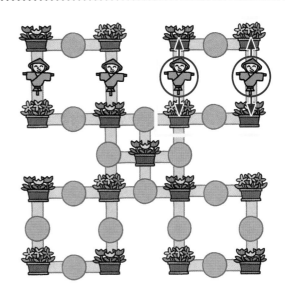

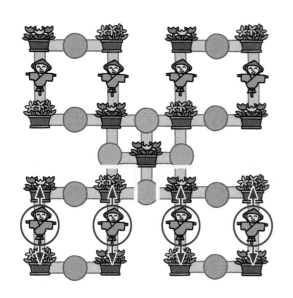

下の２つのエリアも同じ構造なので、それぞれ２体のかかしを置きます。

最後に真ん中エリアのかかしを考えます。一番中心の花壇以外は、今残っているかかしが見守っているので、中心の花壇を見守るかかしを●のいずれかに１体置きます。

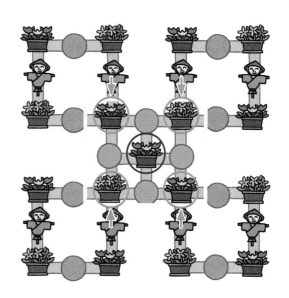

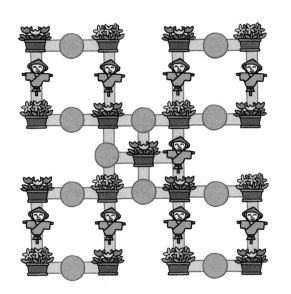

これで、かかしがすべての花壇を見守ることができます。必要なかかしの数は、9体であることが分かりました。

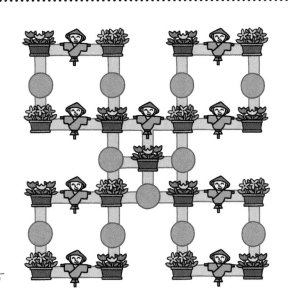

※右の図のような考え方でも正解です

博士からアルゴリズムを
教えてもらって
パパッと人助けできる
ようになったんだ！

ぼく、
もっと勉強して早く
一人前になりたい！
がんばるよ！

地球でたくさんのことを
学んできたんだね
立派に成長してくれて
とてもうれしいよ…

じ～ん

よかったのう…

そして1週間後…

さよなら博士！

またね！

博士…
もう地球に
帰っちゃうんだね

うむ…
サキも待っている
はずじゃからのう

ありか

む…？ 待てよ…？

ワシは…どうやって
地球に帰ったら
いいんじゃ…!?

あ…

だれか…地球から
迎えに来てくれ～!!

博士…
いつ帰ってくる
のかしら…

アルゴリズム

おしまい

監修者より

アルゴリズムは効率のよい段取りの考え方や論理的な思考力が身につく

　本書では、コンピュータの原理となるアルゴリズムとプログラミングについて扱いました。ご存知のように、パソコンがインターネットにつながり、スマートフォンの時代になり、そして現在では人工知能の技術が大きく進歩して、わたしたちの生活を支えています。時代によってコンピュータの技術は大きく変化していきますが、時代によって算数の計算が変わらないように、時代によって変わらないコンピュータの計算処理の考え方はアルゴリズムと呼ばれています。

　コンピュータの利点のひとつは、複雑な処理や大量のデータを扱う処理を、効率よく正確に行えることです。本書では、データを小さい順に並べかえるアルゴリズムとして、バブルソート（P74～）と選択ソート（P82～）を学びました。このようなデータを並べかえるアルゴリズムは「整列アルゴリズム」と呼ばれています。整列アルゴリズムがあるおかげで、わたしたちは大量のメールやメッセージのやり取りを、日付順

に読むことができたり、相手ごとに分けて読むことができたりしています。

　このような背景から、世界中の国では、コンピュータの教育を重視してきています。日本でも、2020年から小学校でコンピュータやタブレットなどに必ず触れる教育を始めました。また、小学校から高校までの教育で、プログラミングをすべての生徒が体験できるように教育課程を変更しています。

　みなさんが本書で楽しく学びながら、アルゴリズムやプログラミングの考え方が自然に身につくことを期待しています。アルゴリズムの考え方が身につくと、論理的な考え方ができるようになり、その結果、効率のよい段取りの考え方や仕事の進め方ができるようになります。コンピュータを上手に活用していくための力が身につくことを願っています。

大阪電気通信大学教授・副学長

兼宗　進

アルゴリズム一覧

アルゴリズムを復習しましょう。
この本で紹介したものの他にもアルゴリズムは
たくさんの種類が存在しています。

アルゴリズムの基本構造は……？

順次 (P14〜) ➡ 1つの処理が終わってから、次の処理に進む。

反復 (P22〜) ➡ ある条件を満たすまで、
1つにまとめた処理をくり返す。

分岐 (P30〜) ➡ 条件によって、実行する処理を変える。

探索アルゴリズム
複数のデータから目的のデータを探し出す

二分探索 (P44〜) ➡ 順番に並んでいるデータの中から、
範囲を半分ずつしぼりこみながら、目的のデータを探す。

幅優先探索 (P52〜) ➡ 複数の道を並行して、目的のデータを探す。

「ソート」は「並べかえる」という
意味なんじゃよ

整列アルゴリズム
複数のデータを大きい・小さい順に並べかえる

バブルソート (P74〜) → となり合った2つのデータをくらべて交換しながら、順番にデータを並べる。

選択ソート (P82〜) → 一番小さい(または大きい)データを探すことをくり返して、順番にデータを並べる。

配置最適化 (P60〜) → 条件を満たす中から最もよい答えを見つけて施設やモノを最適な場所に配置する。

ダイクストラ法 (P90〜) → 出発地点から到着地点まで、いろいろなルートの中から最短距離を見つけ出す。

シーザー暗号 (P98〜) → 秘密の情報をやりとりするとき、他の人に内容が分からないようにする。

著者　島袋 舞子

1992年、沖縄県生まれ。大阪電気通信大学大学院工学研究科博士課程修了。現在、大阪電気通信大学特任講師。著書に『ドリルの王様　楽しいプログラミング』シリーズ（新興出版社）『はじめてのコンピュータサイエンス』（くもん出版）がある。

監修者　兼宗 進

1963年、東京都生まれ。筑波大学大学院ビジネス科学研究科博士課程修了。現在、大阪電気通信大学工学部電子機械工学科教授・副学長。『ドリトルで学ぶプログラミング』（共著、イーテキスト研究所）『はじめてのコンピュータサイエンス』（くもん出版）など、多数の書籍の編著、監修に携わる。

論理的思考力を身につける
はじめてのアルゴリズム

2024年3月22日　初版第1刷発行

著　者　島袋舞子
発行人　志村直人
発行所　株式会社くもん出版
　　　　〒141-8488　東京都品川区東五反田2-10-2　東五反田スクエア11F
　　　　電話　代表　03(6836)0301
　　　　　　　編集　03(6836)0317
　　　　　　　営業　03(6836)0305
　　　　ホームページ　https://www.kumonshuppan.com/

印刷・製本　　　　　三美印刷株式会社
装幀・本文デザイン　TYPEFACE(渡邊民人　谷関笑子)
編集協力　　　　　　株式会社キャデック(徳田萌々香)
組版　　　　　　　　株式会社リブロ
イラスト　　　　　　まつむらあきひろ(マンガ・キャラクター)　荒金ひろみ(設問・見返し)

商品アンケート（Web回答）
こちらから
ご意見・ご感想をお聞かせください。
抽選で「図書カード」をプレゼント！